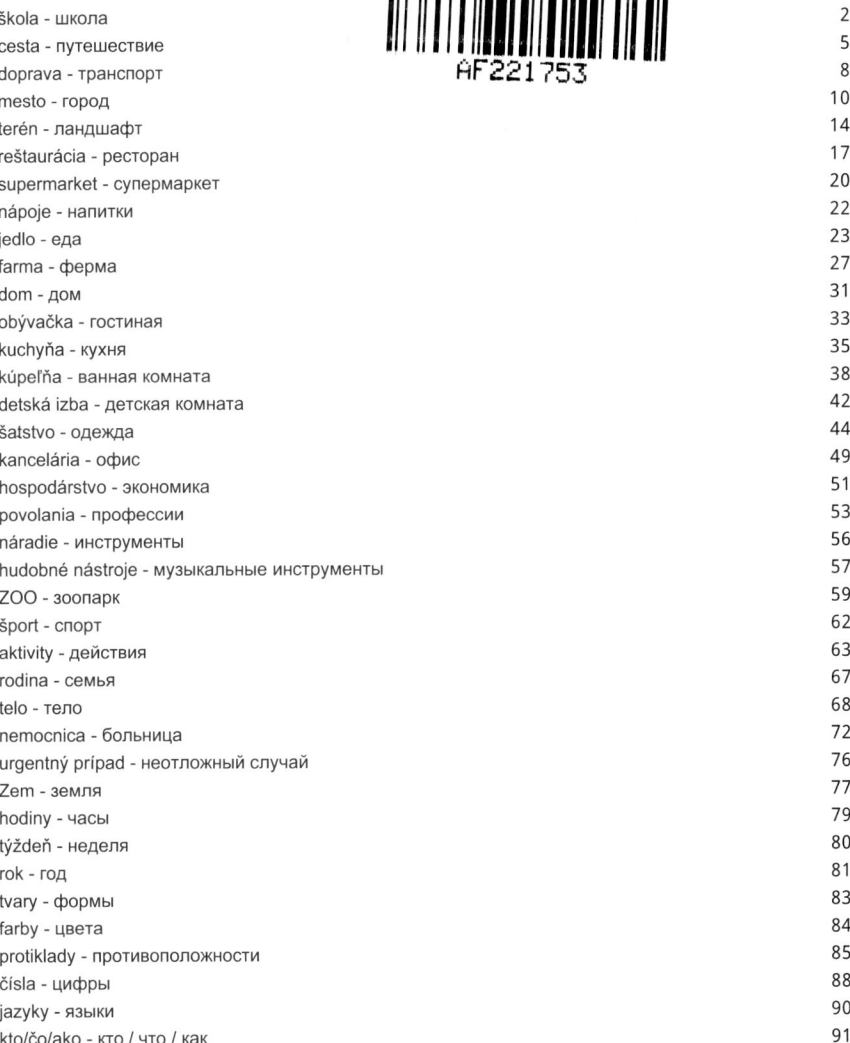

AF221753

Impressum
Verlag: BABADADA GmbH, Nedderfeld 112 , 22529 Hamburg
Geschäftsführer / Verlagsleitung: Harald Hof
Druck: Books on Demand GmbH, In de Tarpen 42, 22848 Norderstedt

Imprint
Publisher: BABADADA GmbH, Nedderfeld 112 , 22529 Hamburg, Germany
Managing Director / Publishing direction: Harald Hof
Print: Books on Demand GmbH, In de Tarpen 42, 22848 Norderstedt, Germany

škola
школа

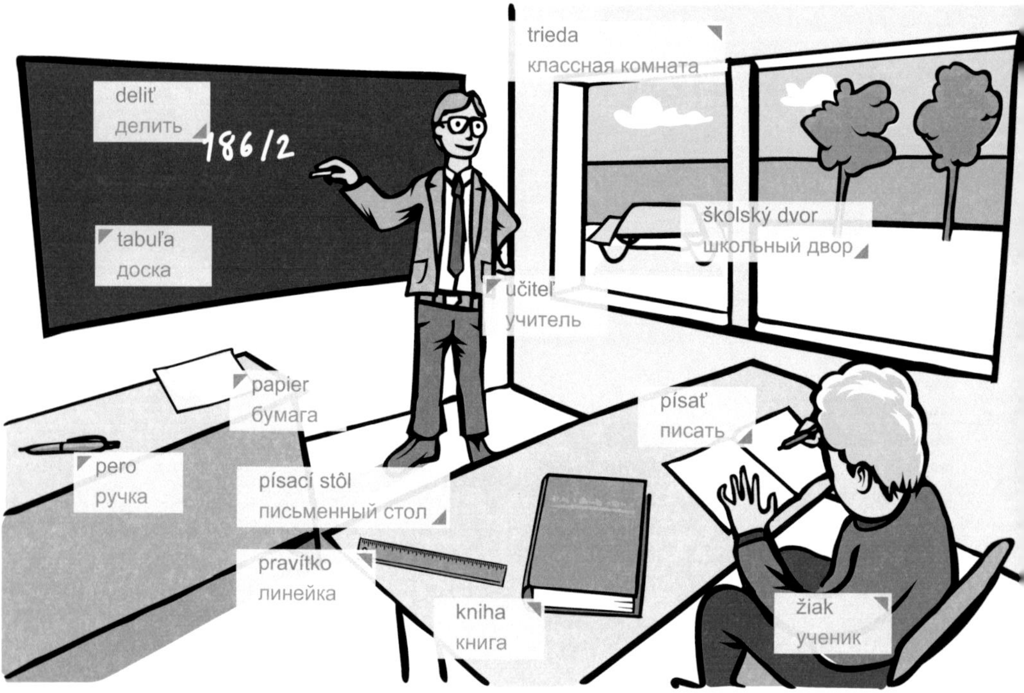

trieda
классная комната
deliť
делить
186/2
tabuľa
доска
školský dvor
школьный двор
učiteľ
учитель
papier
бумага
písať
писать
pero
ручка
písací stôl
письменный стол
pravítko
линейка
kniha
книга
žiak
ученик

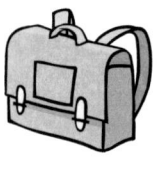

školská taška

ранец

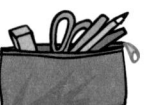

peračník

пенал

ceruza

карандаш

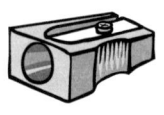

strúhadlo na ceruzky

точилка

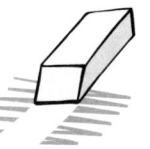

guma

ластик

skicár

альбом для рисования

kresba

рисунок

štetec

кисточка

vodové farby

коробка красок

nožnice

ножницы

lepidlo

клей

cvičný zošit

тетрадь

domáca úloha

домашняя работа

číslo

цифра

sčítať

прибавлять

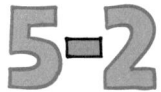

odčítať

вычитать

násobiť

умножать

počítať

считать

písmeno

буква

abeceda

алфавит

slovo

слово

text

текст

čítať

читать

krieda

мел

hodina

урок

triedna kniha

классный журнал

skúška

экзамен

certifikát

диплом

školská uniforma

школьная форма

vzdelanie

образование

encyklopédia

энциклопедия

univerzita

университет

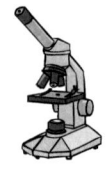

mikroskop

микроскоп

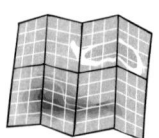

mapa

карта

kôš na papier

корзина для бумаг

cesta
путешествие

hotel
гостиница
Grand
nocľaháreň
турбаза
ROOMS
EXCHANGE
zmenáreň
пункт обмена валюты
kufor
чемодан
auto
автомобиль

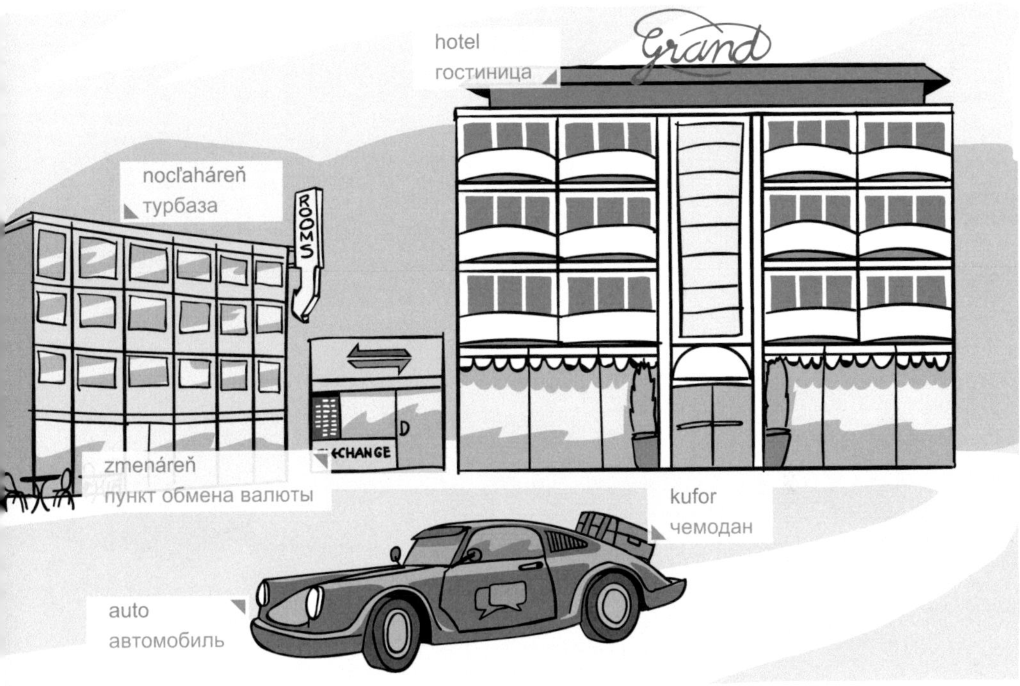

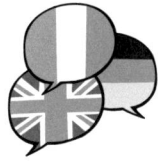

jazyk

язык

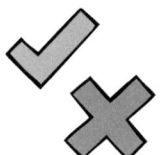

áno/nie

да / нет

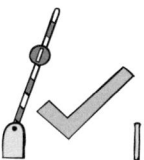

v poriadku

хорошо

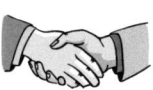

ahoj

Привет

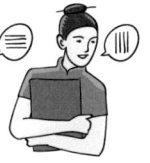

prekladateľ

переводчик

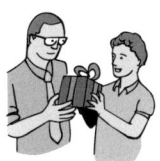

ďakujem

Спасибо

Koľko stojí ... ?

Сколько стоит…?

Nerozumiem

Я не понимаю

problém

проблема

Dobrý večer!

Добрый вечер!

Dobré ráno!

Доброе утро!

Dobrú noc!

Доброй ночи!

Dovidenia

До свидания

smer

направление

batožina

багаж

taška

сумка

batoh

рюкзак

hosť

гость

izba

комната

spacák

спальный мешок

stan

палатка

cesta - путешествие

informácie pre turistov

туристическая информация

pláž

пляж

kreditná karta

кредитная карточка

raňajky

завтрак

obed

обед

večera

ужин

cestovný lístok

билет

výťah

лифт

poštová známka

почтовая марка

hranica

граница

clo

таможня

veľvyslanectvo

посольство

vízum

виза

cestovný pas

паспорт

doprava
транспорт

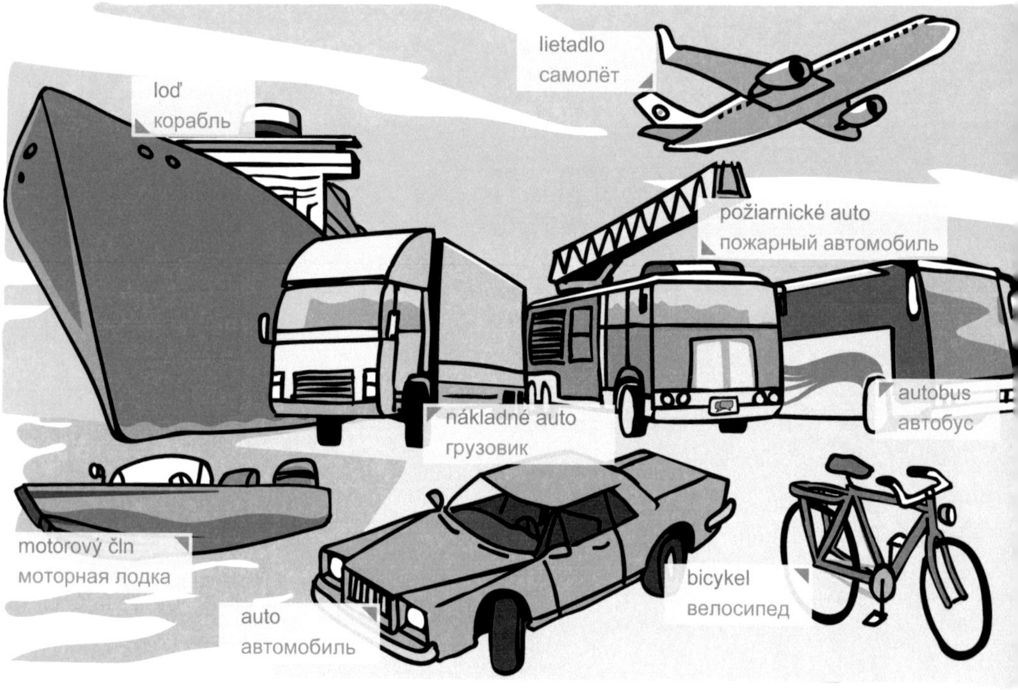

lietadlo
самолёт
loď
корабль
požiarnické auto
пожарный автомобиль
autobus
автобус
nákladné auto
грузовик
motorový čln
моторная лодка
bicykel
велосипед
auto
автомобиль

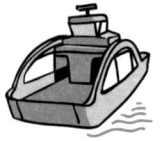

trajekt
паром

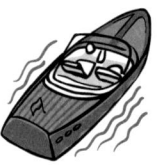

loď
лодка

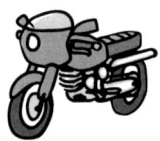

motorka
мотоцикл

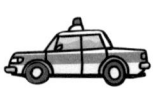

policajné auto
полицейский автомобиль

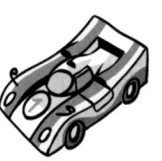

pretekárske auto
гоночный автомобиль

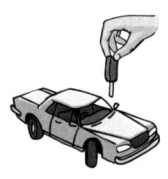

vozidlo z požičovne
арендованный автомобиль

carsharing

совместное пользование
автомобилями

odťahové auto

буксировочный
автомобиль

smetiarske auto

мусоровоз

motor

двигатель

benzín

топливо

čerpacia stanica

заправка

dopravná značka

дорожный знак

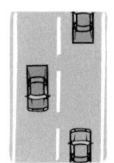

premávka

движение

zápcha

пробка

parkovisko

автостоянка

vlaková stanica

вокзал

trate

рельсы

vlak

поезд

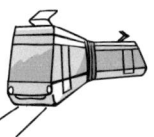

električka

трамвай

vagón

вагон

helikoptéra

вертолёт

letisko

аэропорт

veža

вышка

pasažier

пассажир

kontajner

контейнер

kartón

коробка

vozík

тележка

kôš

корзина

štartovať / pristáť

взлетать / приземляться

mesto

город

dedina

деревня

centrum mesta

центр города

dom

дом

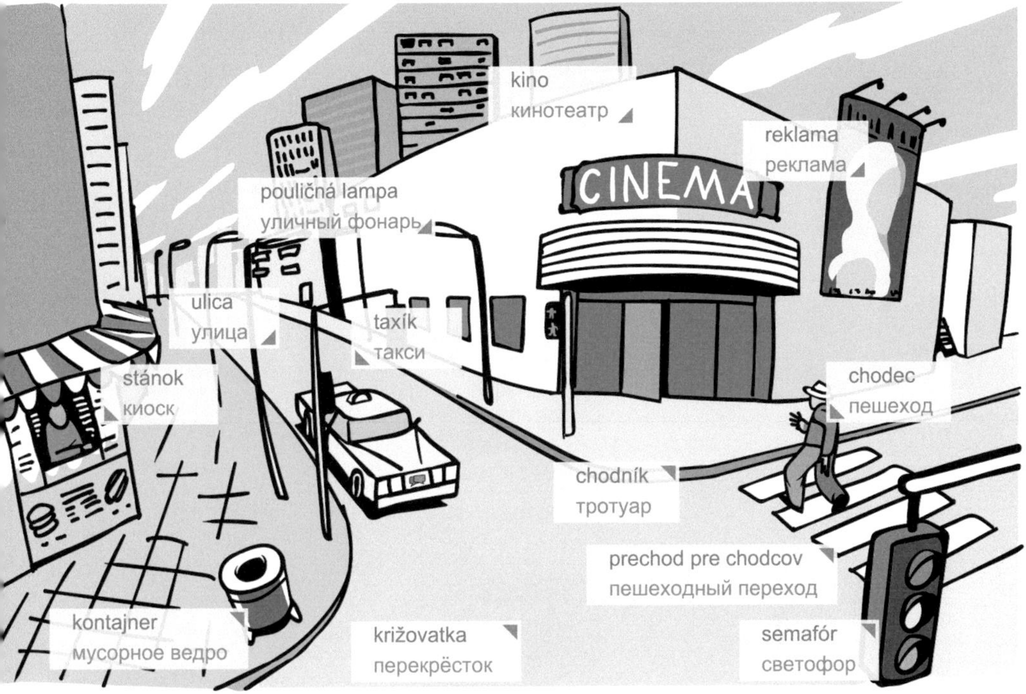

kino
кинотеатр
reklama
реклама
CINEMA
pouličná lampa
уличный фонарь
ulica
улица
taxík
такси
stánok
киоск
chodec
пешеход
chodník
тротуар
prechod pre chodcov
пешеходный переход
kontajner
мусорное ведро
križovatka
перекрёсток
semafór
светофор

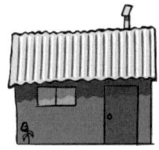

chata
хижина

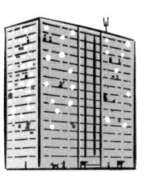

byt
квартира

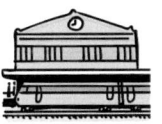

vlaková stanica
вокзал

radnica
ратуша

MUSEUM

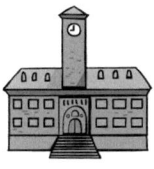

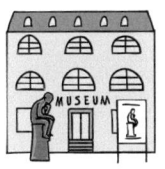

múzeum
музей

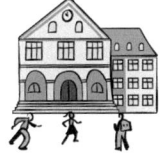

škola
школа

univerzita

университет

banka

банк

nemocnica

больница

hotel

гостиница

lekáreň

аптека

kancelária

офис

kníhkupectvo

книжный магазин

obchod

магазин

kvetinárstvo

цветочный магазин

supermarket

супермаркет

trh

рынок

obchodný dom

универмаг

obchodník s rybami

торговец рыбой

nákupné stredisko

торговый центр

prístav

порт

park

парк

lavička

скамейка

most

мост

schody

лестница

metro

метро

tunel

тоннель

autobusová zastávka

автобусная остановка

bar

бар

reštaurácia

ресторан

poštová schránka

почтовый ящик

tabuľa s názvom ulice

табличка с названием улицы

parkovacie hodiny

паркометр

ZOO

зоопарк

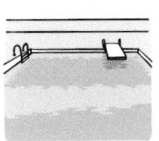

plaváreň

бассейн

mešita

мечеть

farma
ферма

znečisťovanie životného prostredia
загрязнение окружающей среды

cintorín
кладбище

kostol
церковь

ihrisko
детская площадка

chrám
храм

terén
ландшафт

list
лист

smerová tabuľa
дорожный указатель

cesta
дорога

lúka
луг

kameň
камень

turista
путешественник

strom
дерево

rieka
река

tráva
трава

kvet
цветок

dolina

долина

kopec

гора

jazero

озеро

les

лес

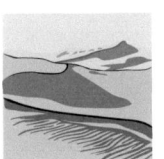

púšť

пустыня

vulkán

вулкан

zámok

замок

dúha

радуга

hríb

гриб

palma

пальма

komár

комар

mucha

муха

mravec

муравей

včela

пчела

pavúk

паук

chrobák

жук

žaba

лягушка

veverička

белка

jež

еж

zajac

заяц

sova

сова

vták

птица

labuť

лебедь

diviak

кабан

jeleň

олень

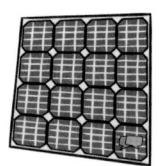

los

лось

hrádza

плотина

veterná turbína

ветряной генератор

solárny panel

солнечная батарея

podnebie

климат

reštaurácia
ресторан

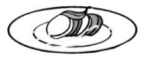

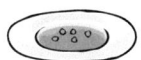

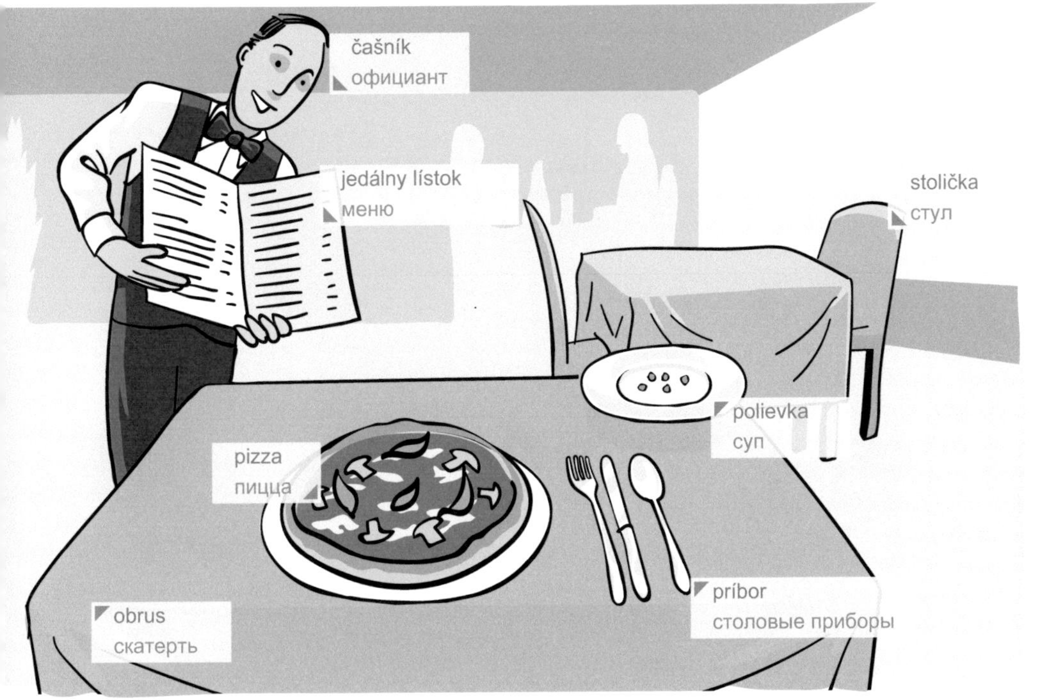
čašník
официант
jedálny lístok
меню
stolička
стул
polievka
суп
pizza
пицца
príbor
столовые приборы
obrus
скатерть

predjedlo

закуска

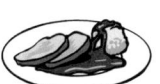

hlavné jedlo

главное блюдо

zákusok

десерт

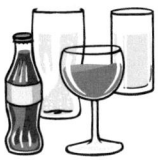

nápoje

напитки

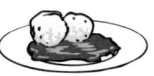

jedlo

еда

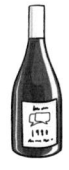

fľaša

бутылка

fast-food

фастфуд

street food

уличная еда

kanvica na čaj

чайник

cukornička

сахарница

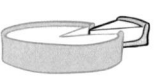

porcia

порция

stroj na espresso

кофеварка

detská stolička

детский стульчик

účet

счет

podnos

поднос

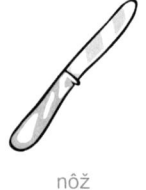

nôž

нож

vidlička

вилка

lyžica

ложка

čajová lyžička

чайная ложка

obrúsok

салфетка

pohár

стакан

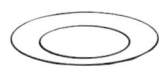

tanier

тарелка

hlboký tanier

суповая тарелка

podšálka

блюдце

omáčka

соус

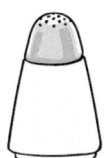

soľnička

солонка

mlynček na korenie

мельница для перца

ocot

уксус

olej

масло

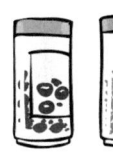

korenie

специи

kečup

кетчуп

horčica

горчица

majonéza

майонез

supermarket

супермаркет

špeciálna ponuka
специальное предложение
FOR
klient
покупатель
mliečne výrobky
молочные продукты
ovocie
фрукты
nákupný vozík
тележка для покупок

BUTCHERS

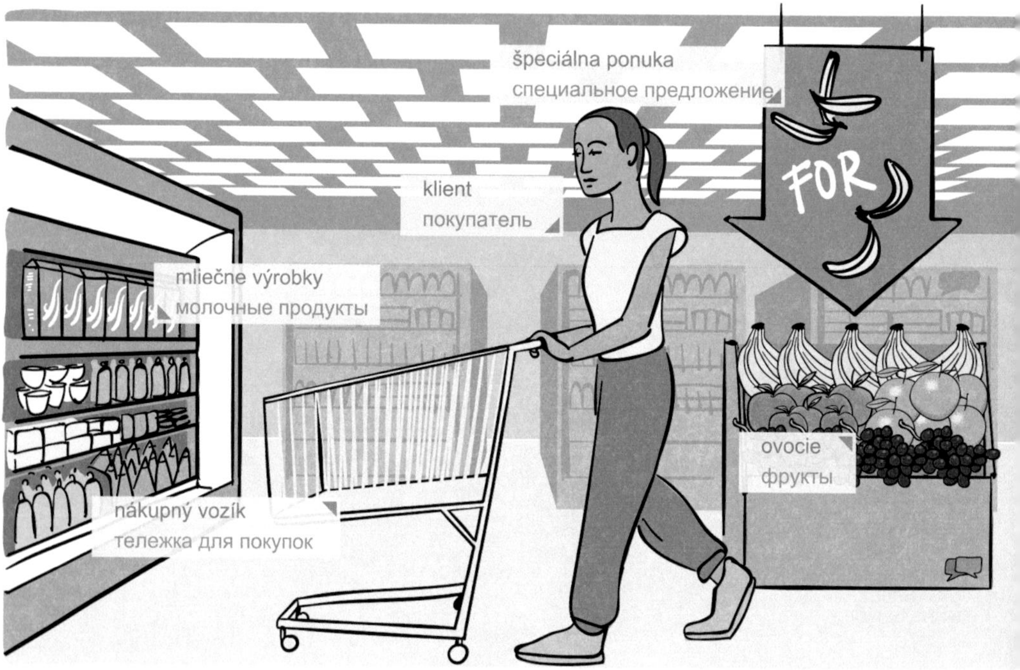

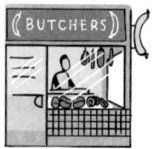

mäsiarstvo

мясной магазин

BAKERY

pekáreň

пекарня

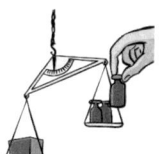

vážiť

взвешивать

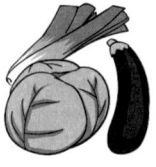

zelenina

овощи

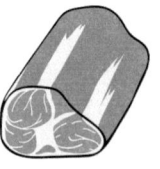

mäso

мясо

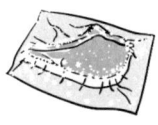

mrazené potraviny

быстрозамороженные продукты

nárez

нарезка

konzervy

консервы

prací prostriedok

стиральный порошок

sladkosti

сладости

domáce potreby

предмет домашнего
обихода

čistiace prostriedky

моющее средство

predavačka

продавщица

pokladňa

касса

pokladník

кассир

nákupný zoznam

список покупок

otváracie hodiny

время работы

peňaženka

бумажник

kreditná karta

кредитная карточка

taška

сумка

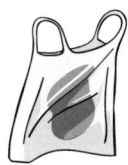

plastové vrecko

полиэтиленовый пакет

nápoje

напитки

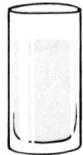

voda

вода

džús

сок

mlieko

молоко

kola

кока-кола

víno

вино

pivo

пиво

alkohol

алкоголь

kakao

какао

čaj

чай

káva

кофе

espresso

эспрессо

kapučíno

капучино

banán

банан

jablko

яблоко

pomaranč

апельсин

melón

арбуз

citrón

лимон

mrkva

морковь

cesnak

чеснок

bambus

бамбук

cibuľa

лук

hríb

гриб

orechy

орехи

rezance

лапша

špagety

спагетти

ryža

рис

šalát

салат

hranolky

картофель фри

pečené zemiaky

жареный картофель

pizza

пицца

hamburger

гамбургер

obložený chlebík

сэндвич

rezeň

шницель

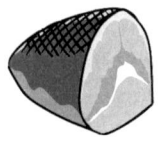

šunka

ветчина

saláma

салями

klobása

колбаса

kurča

курица

pečené mäso

жаркое

ryba

рыба

ovsené vločky

овсяные хлопья

müsli

мюсли

kukuričné lupienky

кукурузные хлопья

múka

мука

croissant

круассан

pečivo

булочка

chlieb

хлеб

hrianka

тост

sušienky

печенье

maslo

масло

tvaroh

творог

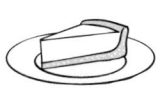

koláč

пирог

vajce

яйцо

volské oko

яичница

syr

сыр

zmrzlina

мороженое

cukor

сахар

med

мёд

lekvár

мармелад

nugátová nátierka

крем с нугой

karí korenie

карри

farma
ферма

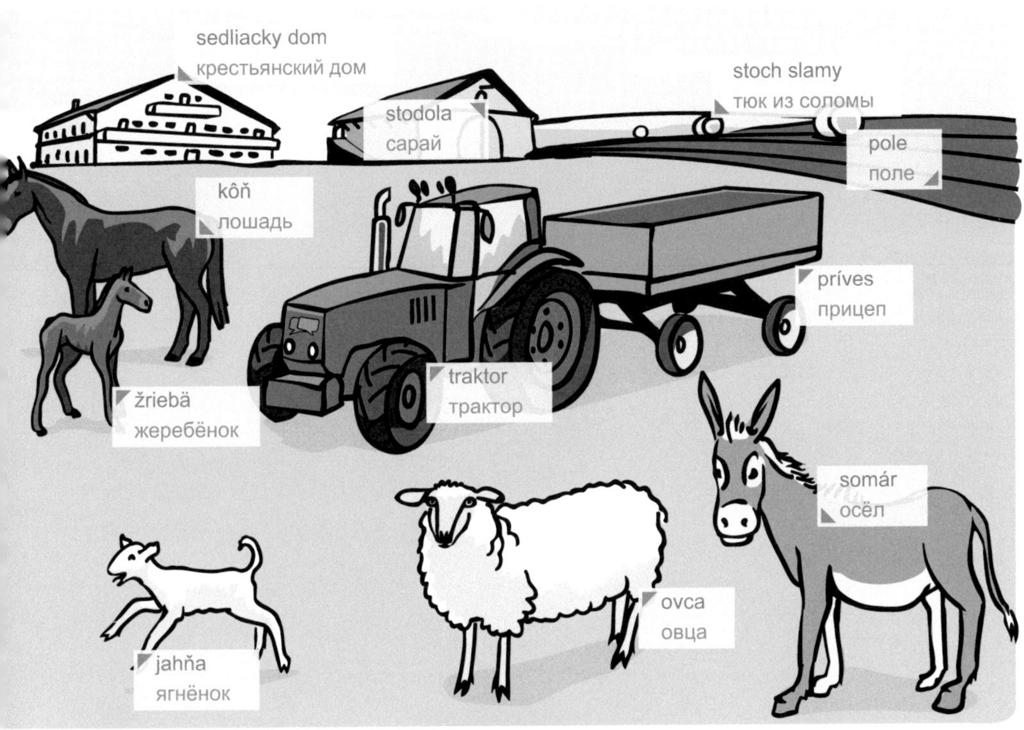

sedliacky dom
крестьянский дом
stoch slamy
тюк из соломы
stodola
сарай
pole
поле
kôň
лошадь
príves
прицеп
traktor
трактор
žriebä
жеребёнок
somár
осёл
ovca
овца
jahňa
ягнёнок

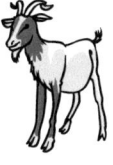

koza

коза

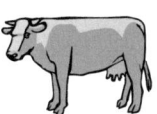

krava

корова

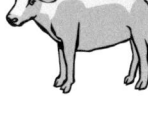

teľa

телёнок

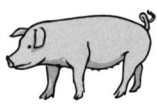

prasa

свинья

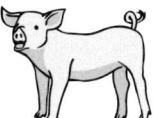

prasiatko

поросёнок

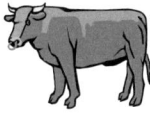

býk

бык

hus

гусь

kačica

утка

kuriatko

цыплёнок

sliepka

курица

kohút

петух

potkan

крыса

mačka

кошка

myš

мышь

vôl

вол

pes

собака

psia búda

конура

záhradná hadica

садовый шланг

krhla

лейка

kosa

коса

pluh

плуг

farma - ферма

kosák

серп

motyka

мотыга

vidly na hnoj

навозные вилы

sekera

топор

fúrik

тачка

koryto

корыто

kanva na mlieko

бидон для молока

vrece

мешок

plot

забор

maštaľ

хлев

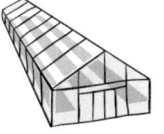

skleník

теплица

pôda

почва

osivo

посев

hnojivo

удобрение

kombajn

комбайн

žať
собирать урожай

žatva
урожай

batát
ямс

pšenica
пшеница

sója
соя

zemiak
картофель

kukurica
кукуруза

repka
рапс

ovocný strom
фруктовое дерево

maniok
маниок

obilie
злаки

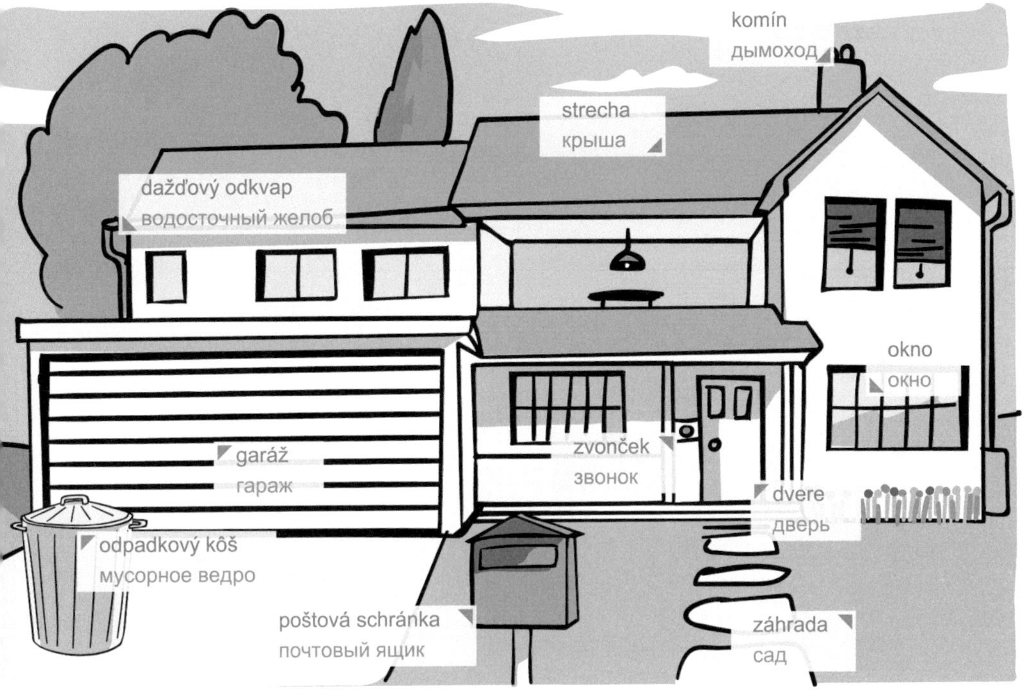

komín
дымоход

strecha
крыша

dažďový odkvap
водосточный желоб

okno
окно

garáž
гараж

zvonček
звонок

dvere
дверь

odpadkový kôš
мусорное ведро

poštová schránka
почтовый ящик

záhrada
сад

obývačka

гостиная

kúpeľňa

ванная комната

kuchyňa

кухня

spálňa

спальня

detská izba

детская комната

jedáleň

столовая

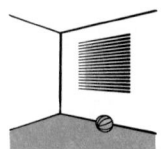

podlaha

пол

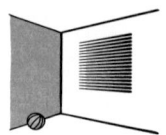

stena

стена

strop

потолок

pivnica

подвал

sauna

сауна

balkón

балкон

terasa

терраса

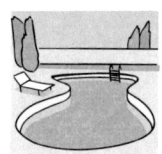

bazén

бассейн

kosačka

газонокосилка

obliečka

пододеяльник

posteľná prikrývka

покрывало

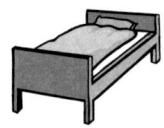

posteľ

кровать

metla

метла

vedro

ведро

vypínač

выключатель

obývačka

гостиная

tapeta
обои
obraz
рисунок
lampa
лампа
regál
полка
skriňa
шкаф
televízor
телевизор
kozub
камин
kvet
цветок
vankúš
подушка
pohovka
диван
váza
ваза
diaľkové ovládanie
пульт дистанционного управления

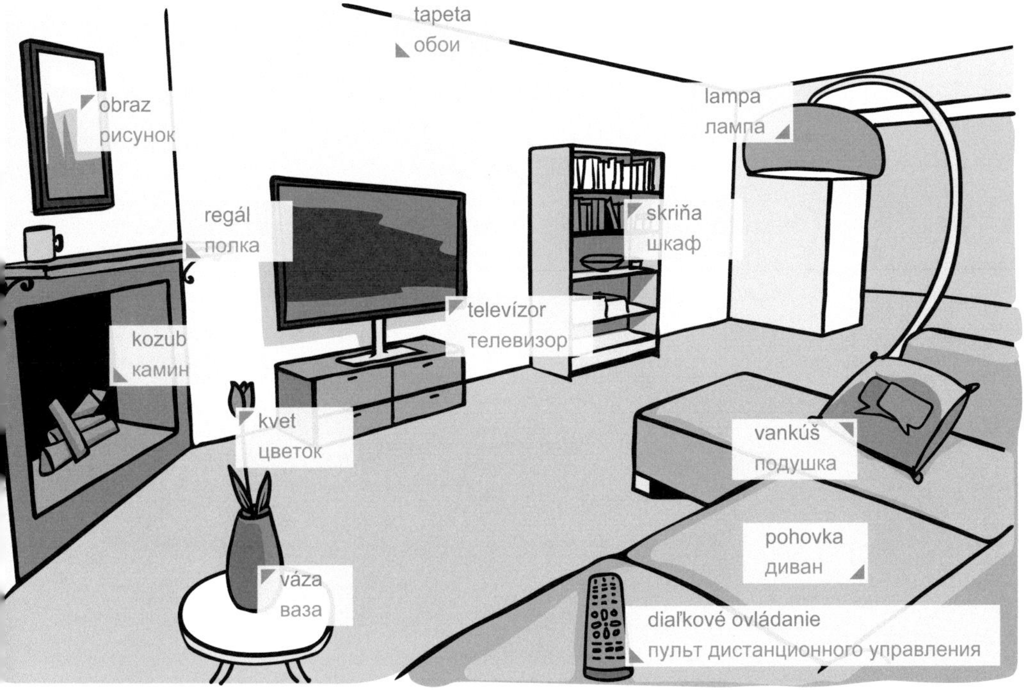

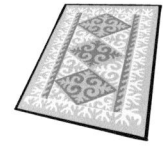

koberec

ковёр

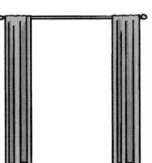

záclona

штора

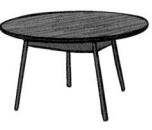

stôl

стол

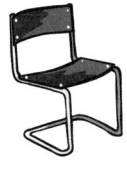

stolička

стул

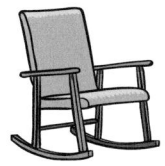

hojdacie kreslo

кресло-качалка

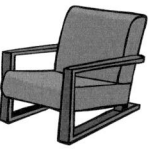

kreslo

кресло

kniha

книга

prikrývka

покрывало

dekorácia

украшение

drevo na kúrenie

дрова

film

фильм

hi-fi veža

стереосистема

kľúč

ключ

noviny

газета

maľba

картина

plagát

плакат

rádio

радио

zápisník

блокнот

vysávač

пылесос

kaktus

кактус

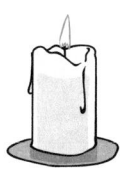

sviečka

свеча

kuchyňa
кухня

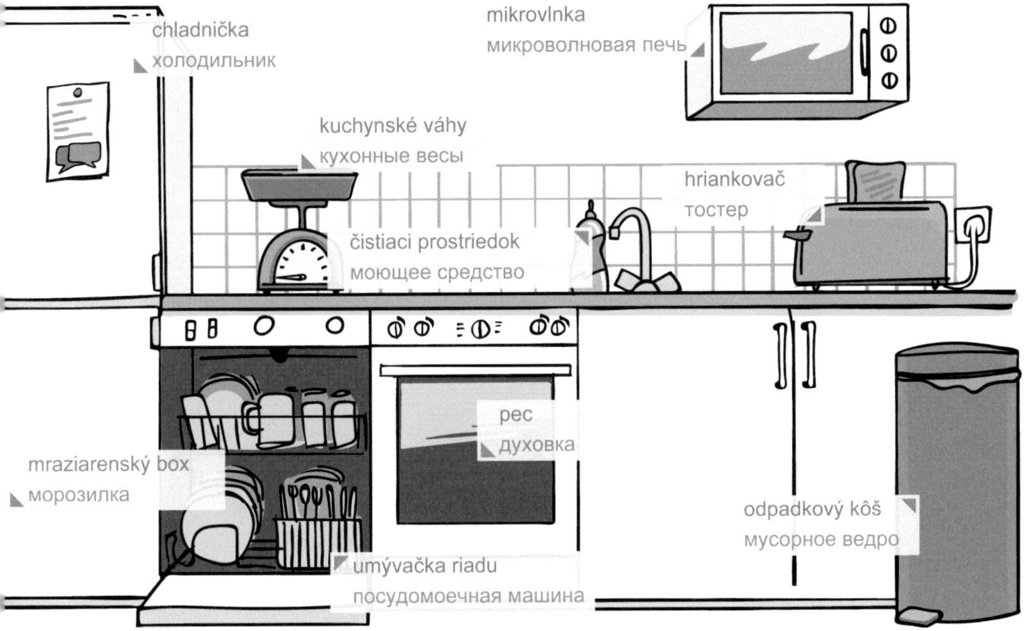
chladnička
холодильник
mikrovlnka
микроволновая печь
kuchynské váhy
кухонные весы
hriankovač
тостер
čistiaci prostriedok
моющее средство
pec
духовка
mraziarenský box
морозилка
odpadkový kôš
мусорное ведро
umývačka riadu
посудомоечная машина

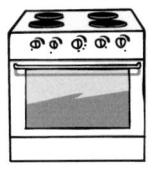

sporák
плита

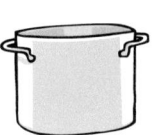

hrniec
кастрюля

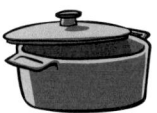

železný hrniec
чугунный котелок

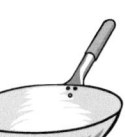

wok / kadai
вок / кадай

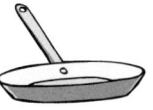

panvica
сковорода

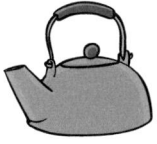

rýchlovarná kanvica
чайник

parný hrniec

пароварка

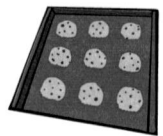

plech na pečenie

противень

riad

посуда

pohár

кружка

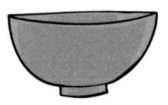

misa

миска

paličky

палочки для еды

naberačka na polievku

половник

stierka

лопатка

metlička

сбивалка

cedidlo

сито

sitko

сито

strúhadlo

тёрка

mažiar

ступка

gril

гриль

ohnisko

костёр

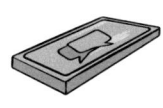

doska na krájanie

доска

valček na cesto

скалка

vývrtka

штопор

konzerva

жестяная банка

otvárač na konzervy

консервный нож

chňapka

прихватка

výlevka

раковина

kefa

щетка

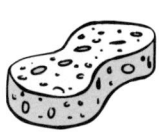

hubka

губка

mixér

миксер

mraznička

морозильная камера

kojenecká fľaša

бутылочка для кормления

vodovodný kohútik

кран

kúpeľňa

ванная комната

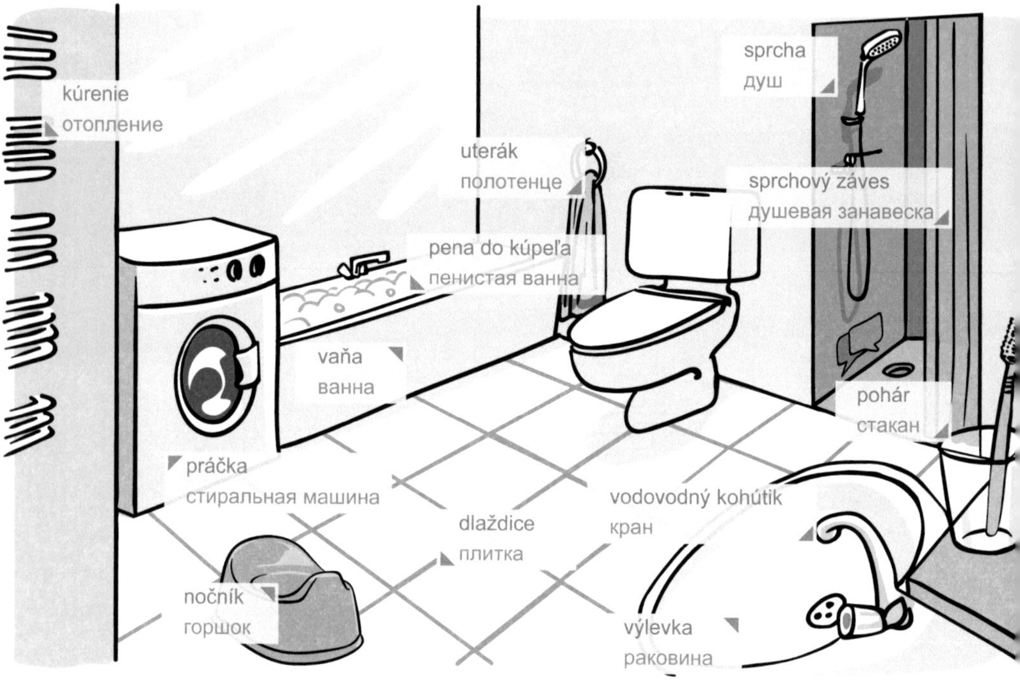

sprcha
душ
kúrenie
отопление
uterák
полотенце
sprchový záves
душевая занавеска
pena do kúpeľa
пенистая ванна
vaňa
ванна
pohár
стакан
práčka
стиральная машина
vodovodný kohútik
кран
dlaždice
плитка
nočník
горшок
výlevka
раковина

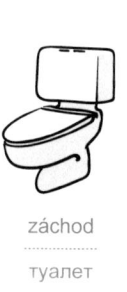

záchod

туалет

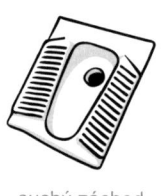

suchý záchod

напольный унитаз

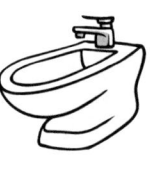

bidet

биде

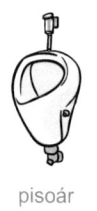

pisoár

писсуар

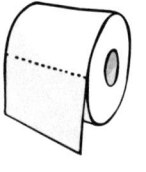

toaletný papier

туалетная бумага

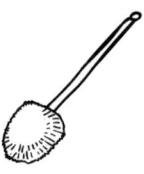

záchodová kefa

ершик

zubná kefka

зубная щетка

zubná pasta

зубная паста

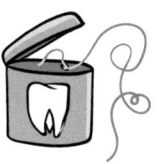

dentálna niť

зубная нить

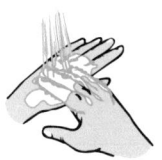

umývať

мыть

ručná sprcha

ручной душ

sprcha pre intímnu hygienu

интимный душ

umývadlo

таз

kefa na chrbát

щетка для спины

mydlo

мыло

sprchový gél

гель для душа

šampón

шампунь

frotírová rukavica

мочалка

odtok

сток

krém

крем

dezodorant

дезодорант

zrkadlo

зеркало

kozmetické zrkadlo

ручное зеркало

žiletka

бритва

pena na holenie

пена для бритья

voda po holení

лосьон после бритья

hrebeň

расческа

kefa

щетка

sušič vlasov

фен

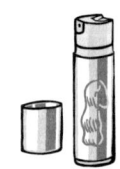

sprej na vlasy

лак для волос

make-up

косметика

rúž

губная помада

lak na nechty

лак для ногтей

vata

вата

nožnice na nechty

маникюрные ножницы

parfum

духи

kúpeľňa - ванная комната

kozmetická taška

косметичка

stolček

табуретка

váha

весы

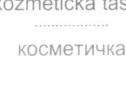

kúpací plášť

халат

gumové rukavice

резиновые перчатки

tampón

тампон

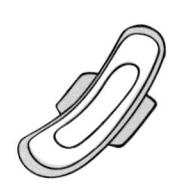

menštruačná vložka

гигиеническая прокладка

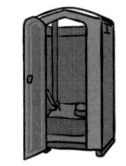

chemické WC

биотуалет

detská izba
детская комната

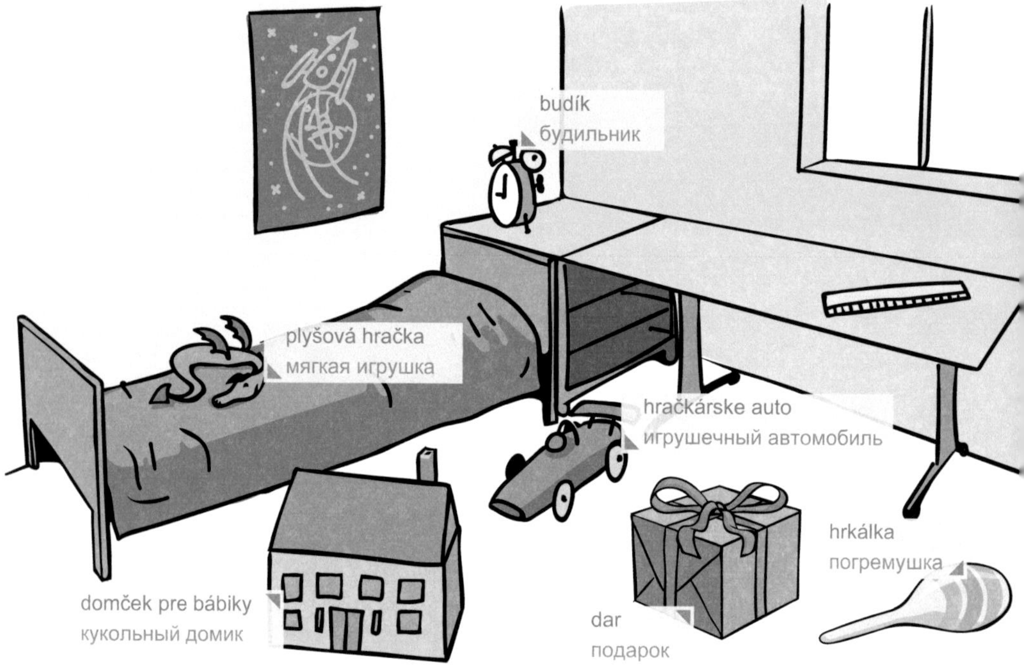
budík
будильник
plyšová hračka
мягкая игрушка
hračkárske auto
игрушечный автомобиль
hrkálka
погремушка
domček pre bábiky
кукольный домик
dar
подарок

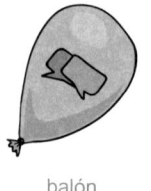

balón

воздушный шар

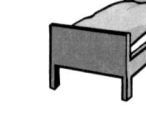

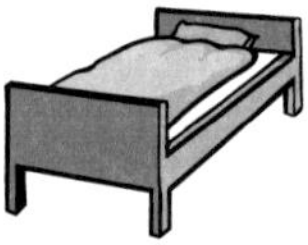

posteľ

кровать

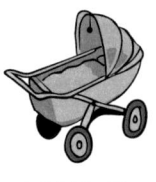

detský kočík

детская коляска

karty

карточная игра

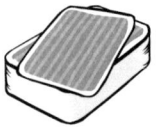

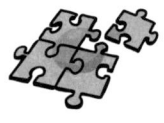

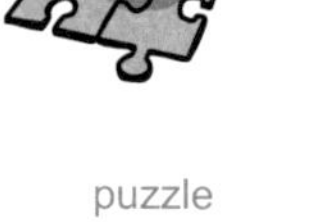

puzzle

пазл

SUPER MEGA

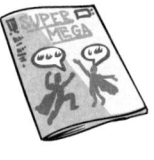

komix

комикс

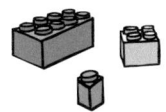

skladačka lego

кирпичики Лего

stavebnica

кубики

akčná postavička

игрушечная фигурка

dupačky

ползунки

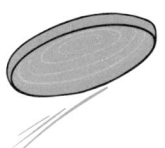

lietajúci tanier

фрисби

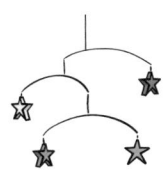

závesné hračky

мобиле

stolová hra

настольная игра

kocka

кубик

modelový vláčik

модель железной дороги

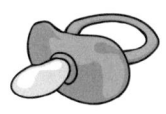

cumlík

соска

párty

вечеринка

obrázková kniha

книга с картинками

lopta

мяч

bábika

кукла

hrať sa

играть

pieskovisko

песочница

hojdačka

качели

hračky

игрушка

hracia konzola

игровая приставка

trojkolka

трёхколесный велосипед

medvedík

плюшевый медвежонок

šatník

шкаф для одежды

šatstvo

одежда

ponožky

носки

pančuchy

чулки

pančuchové nohavičky

колготки

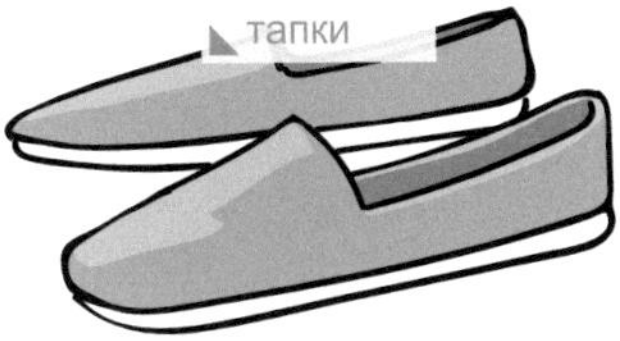

šál
шарф

dáždnik
зонтик

tričko
футболка

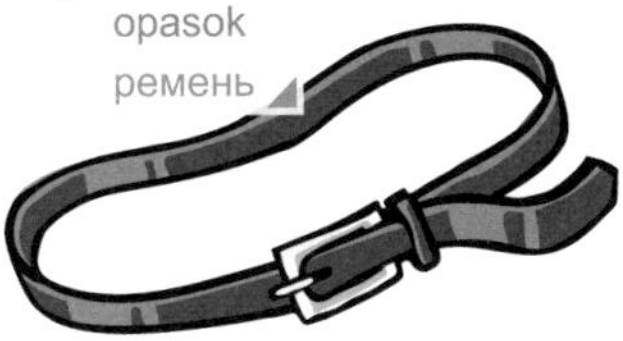

opasok
ремень

čižmy
сапоги

papuče
тапки

tenisky
кроссовки

sandále
....
сандалии

topánky
....
ботинки

gumáky
....
резиновые сапоги

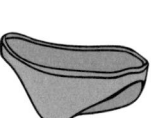

spodky
....
трусы

podprsenka
....
бюстгальтер

tielko
....
майка

šatstvo - одежда

body

боди

nohavice

брюки

džínsy

джинсы

sukňa

юбка

blúzka

блузка

košeľa

рубашка

pulóver

свитер

sveter

свитер

blejzer

спортивная куртка

bunda

жакет

kabát

пальто

pršiplášť

плащ

kostým

костюм

šaty

платье

svadobné šaty

свадебное платье

oblek

мужской костюм

nočná košeľa

ночная сорочка

pyžamo

пижама

sari

сари

šatka na hlavu

платок

turban

тюрбан

burka

паранджа

kaftan

кафтан

abaja

абайя

dvojdielne plavky

купальник

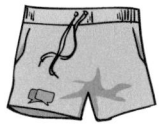

plavky

плавки

šortky

шорты

tepláková súprava

спортивный костюм

zástera

фартук

rukavice

перчатки

gombík

пуговица

okuliare

очки

náramok

браслет

retiazka

цепочка

prsteň

кольцо

náušnica

серьга

čiapka

шапка

vešiak

вешалка

klobúk

шляпа

kravata

галстук

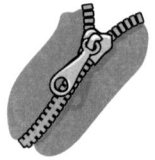

zips

застежка молния

prilba

шлем

traky

подтяжки

školská uniforma

школьная форма

uniforma

форма

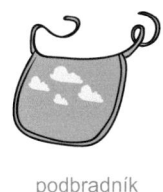

podbradník

детский нагрудник

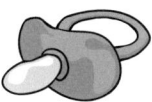

cumlík

соска

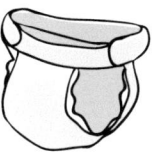

plienka

подгузник

kancelária

офис

server
сервер
skriňa na spisy
канцелярский шкаф
tlačiareň
принтер
papier
бумага
monitor
монитор
myš
мышь
písací stôl
письменный стол
zakladač
папка
klávesnica
клавиатура
kôš na papier
корзина для бумаг
počítač
компьютер
stolička
стул

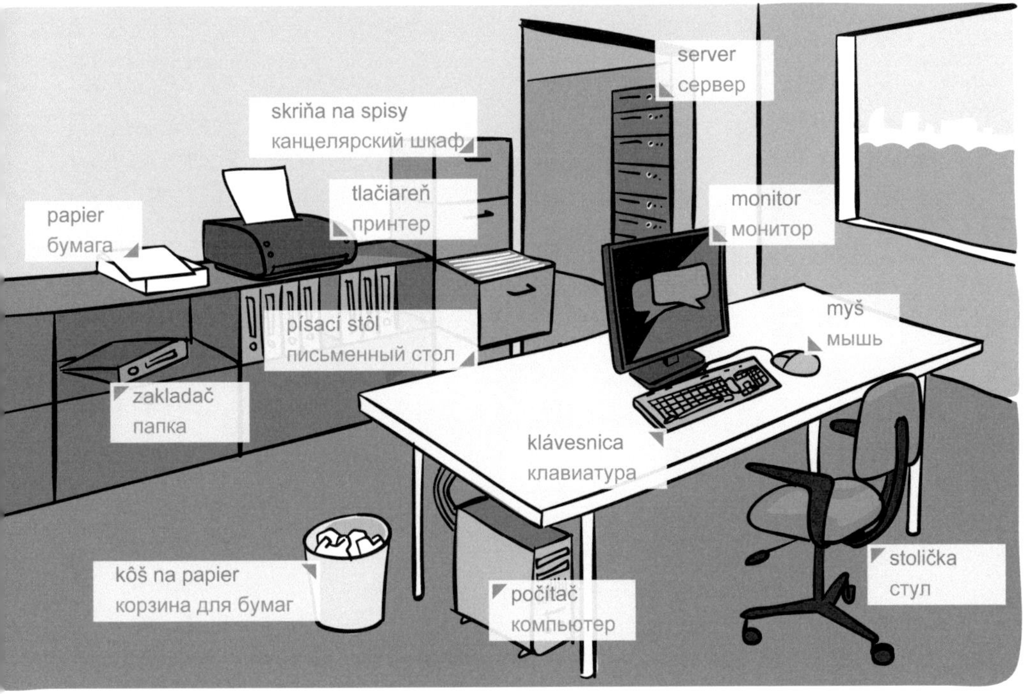

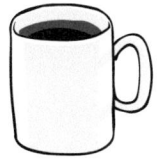

hrnček na kávu

кофейная кружка

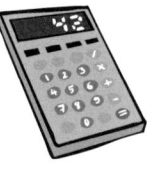

kalkulačka

калькулятор

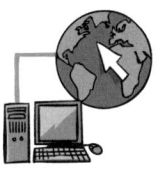

internet

интернет

laptop

ноутбук

list

письмо

správa

сообщение

mobil

мобильный телефон

sieť

сеть

kopírka

ксерокс

softvér

программа

telefón

телефон

elektrická zásuvka

розетка

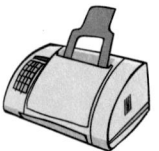

fax

факс

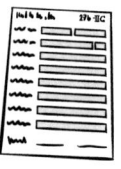

formulár

формуляр

doklad

документ

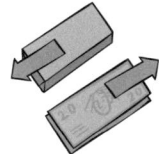

kúpiť

покупать

platiť

платить

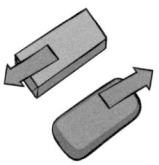

obchodovať

торговать

peniaze

деньги

dolár

доллар

euro

евро

jen

иена

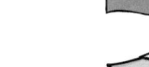

rubeľ

рубль

švajčiarsky frank

франк

čínsky jüan

жэньминьби юань

rupia

рупия

bankomat

банкомат

zmenáreň

пункт обмена валюты

zlato

золото

striebro

серебро

ropa

нефть

energia

энергия

cena

цена

zmluva

договор

daň

налог

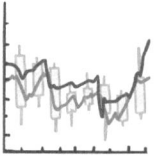

akcia

акция

pracovať

работать

zamestnanec

служащий

zamestnávateľ

работодатель

továreň

фабрика

obchod

магазин

povolania
профессии

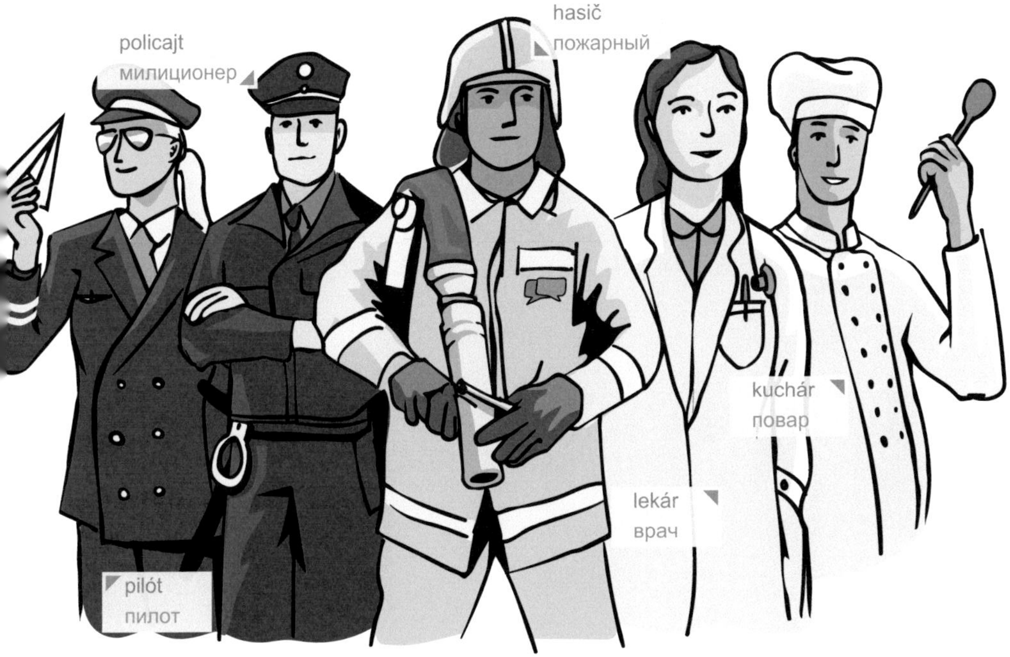

hasič
пожарный
policajt
милиционер
kuchár
повар
lekár
врач
pilót
пилот

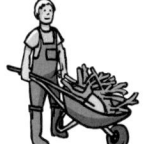

záhradník

садовник

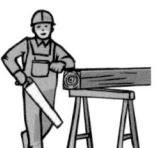

stolár

столяр

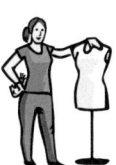

krajčírka

швея

sudca

судья

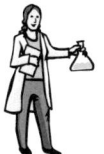

chemik

химик

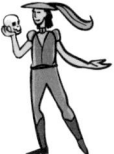

herec

актёр

vodič autobusu

водитель автобуса

taxikár

таксист

rybár

рыбак

upratovačka

уборщица

pokrývač

кровельщик

čašník

официант

poľovník

охотник

maliar

художник

pekár

пекарь

elektrikár

электрик

stavebný robotník

строитель

inžinier

инженер

mäsiar

мясник

klampiar

сантехник

poštár

почтальон

vojak

солдат

architekt

архитектор

pokladník

кассир

kvetinár

флорист

kaderník

парикмахер

sprievodca

кондуктор

mechanik

механик

kapitán

капитан

zubár

зубной врач

vedec

ученый

rabín

раввин

imám

имам

mních

монах

farár

священник

náradie
инструменты

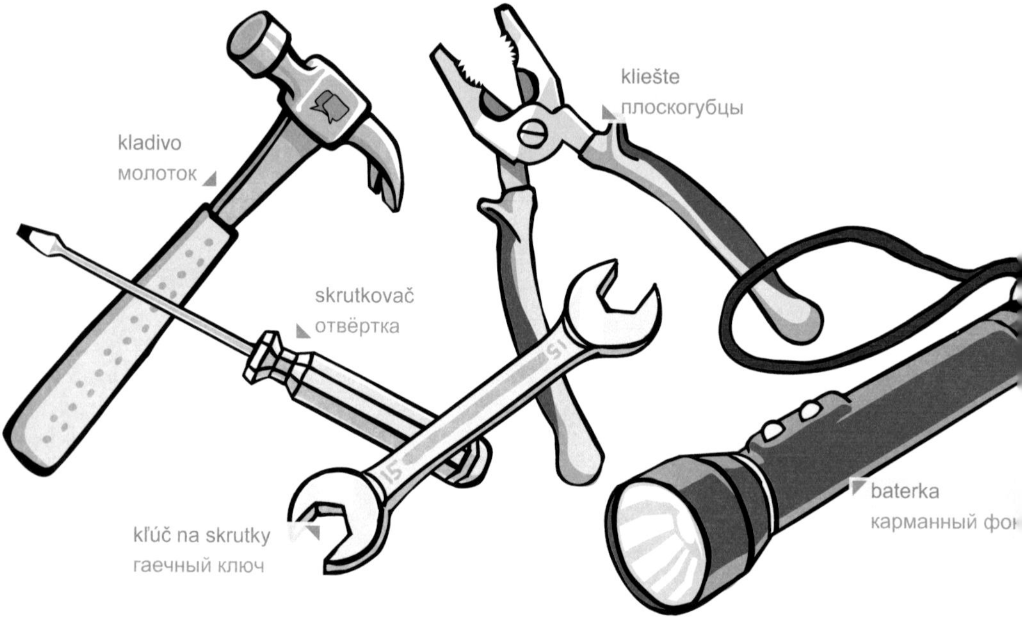

kladivo
молоток

klиešte
плоскогубцы

skrutkovač
отвёртка

baterka
карманный фон

kľúč na skrutky
гаечный ключ

bager

экскаватор

súprava náradia

ящик для инструментов

rebrík

стремянка

pílka

пила

klince

гвозди

vrták

дрель

opraviť

ремонтировать

lopata

лопата

Do čerta!

Блин!

lopatka na smeti

совок

nádoba s farbou

ведро с краской

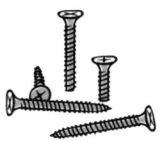

skrutky

винты

hudobné nástroje
музыкальные инструменты

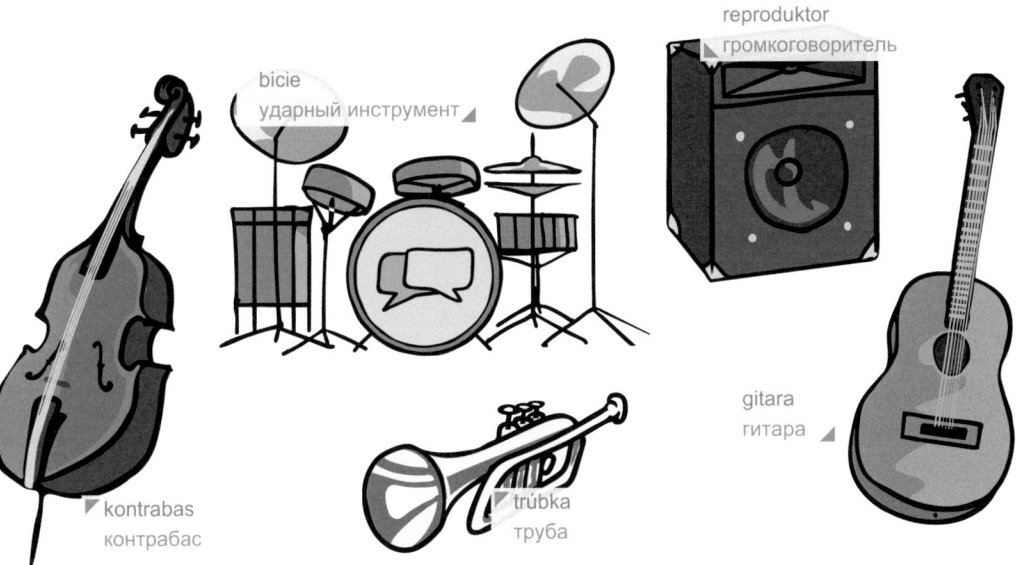

reproduktor
громкоговоритель

bicie
ударный инструмент

kontrabas
контрабас

trúbka
труба

gitara
гитара

klavír

пианино

husle

скрипка

basa

бас-гитара

tympany

литавры

bubon

барабан

klávesnica

синтезатор

saxofón

саксофон

flauta

флейта

mikrofón

микрофон

ZOO

зоопарк

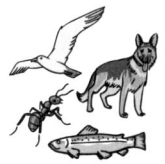

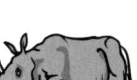

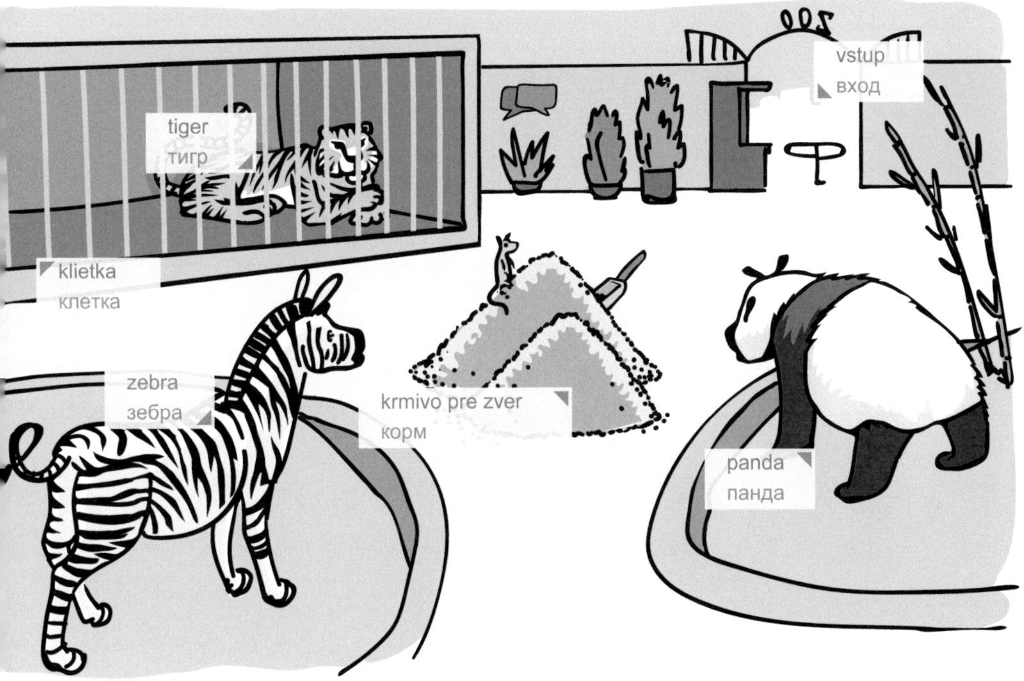

vstup
вход
tiger
тигр
klietka
клетка
zebra
зебра
krmivo pre zver
корм
panda
панда

zvieratá

животные

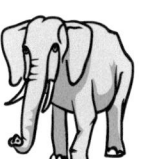

slon

слон

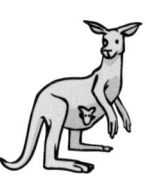

klokan

кенгуру

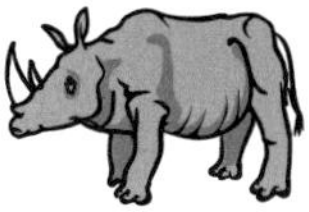

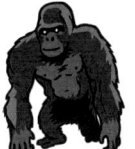

nosorožec

носорог

gorila

горилла

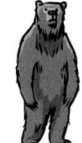

medveď

медведь

ťava

верблюд

pštros

страус

lev

лев

opica

обезьяна

plameniak

фламинго

papagáj

попугай

ľadový medveď

белый медведь

tučniak

пингвин

žralok

акула

páv

павлин

had

змея

krokodíl

крокодил

ošetrovateľ v ZOO

служитель зоопарка

tuleň

тюлень

jaguár

ягуар

ZOO - зоопарк

poník

пони

leopard

леопард

hroch

бегемот

žirafa

жираф

orol

орёл

diviak

кабан

ryba

рыба

korytnačka

черепаха

mrož

морж

líška

лиса

gazela

газель

ZOO - зоопарк

americký futbal
американский футбол

cyklistika
езда на велосипеде

tenis
теннис

basketbal
баскетбол

plávanie
плавание

box
бокс

hokej
хоккей

futbal
футбол

bedminton
бадминтон

ľahká atletika
лёгкая атлетика

hádzaná
гандбол

lyžovanie
лыжный спорт

pólo
поло

aktivity

действия

smiať sa
смеяться
skočiť
прыгать
objať
обнимать
chodiť
идти
spievať
петь
snívať
мечтать
modliť sa
молиться
pobozkať
целовать

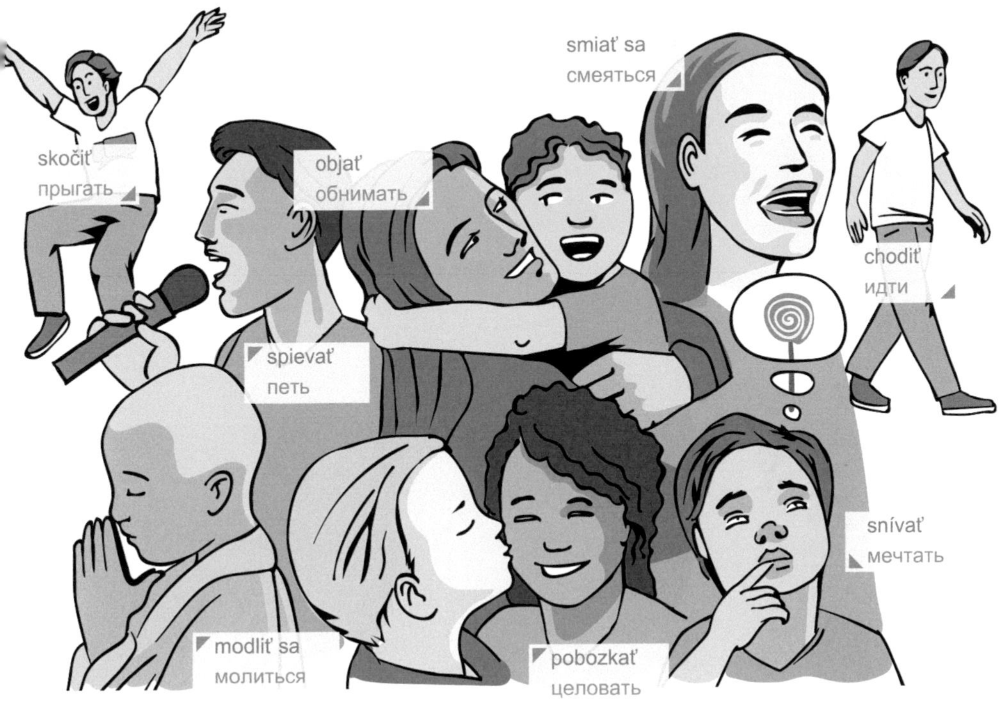

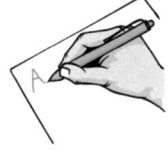

písať

писать

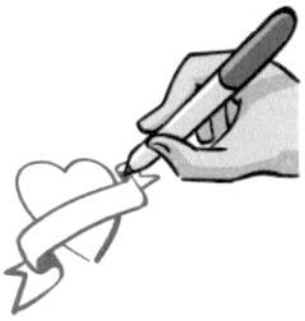

kresliť

рисовать

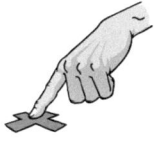

ukázať

показывать

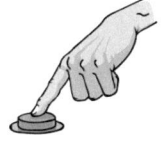

tlačiť

нажимать

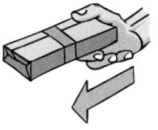

dať

давать

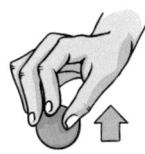

brať

брать

mať

иметь

robiť

делать

byť

быть

stáť

стоять

bežať

бежать

ťahať

тянуть

hádzať

бросать

padnúť

падать

ležať

лежать

čakať

ждать

nosiť

носить

sedieť

сидеть

obliecť sa

надевать

spať

спать

zobudiť sa

просыпаться

pozerať

рассматривать

plakať

плакать

hladkať

гладить

česať

причесывать

hovoriť

говорить

rozumieť

понимать

pýtať sa

спрашивать

počuť

слушать

piť

пить

jesť

кушать

upratať

наводить порядок

milovať

любить

variť

готовить

jazdiť

ехать

letieť

летать

aktivity - действия

plachtiť

ходить под парусом

počítať

считать

čítať

читать

učiť sa

учиться

pracovať

работать

oženiť

вступать в брак

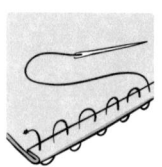

šiť

шить

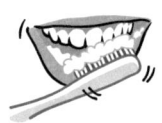

čistiť zuby

чистить зубы

zabiť

убивать

fajčiť

курить

poslať

отправлять

rodina

семья

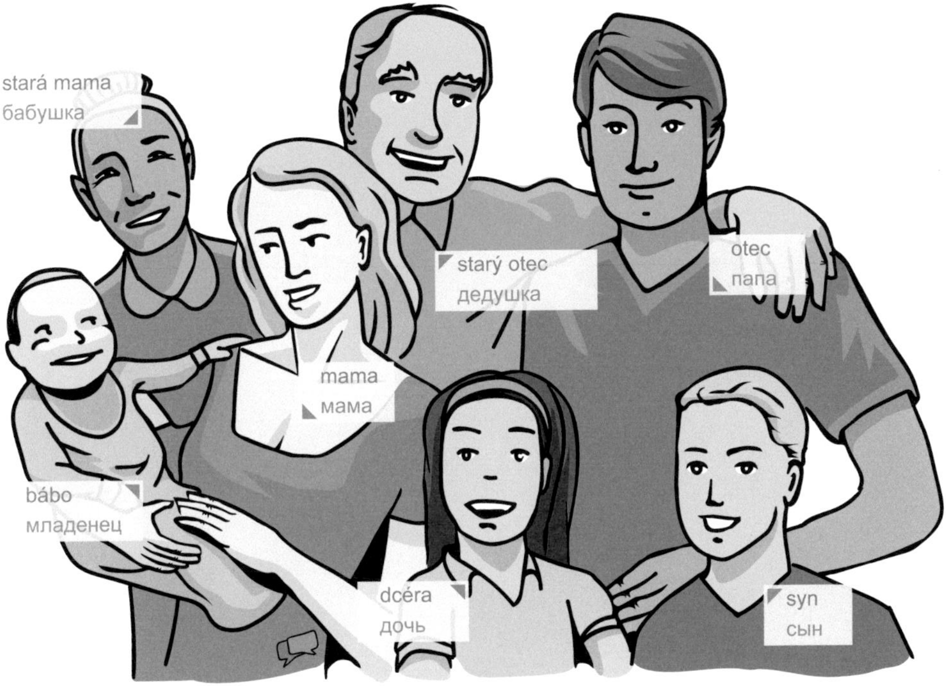

stará mama
бабушка
starý otec
дедушка
otec
папа
mama
мама
bábo
младенец
dcéra
дочь
syn
сын

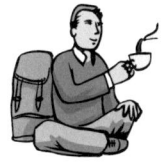

hosť

гость

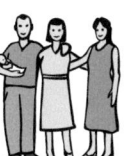

teta

тетя

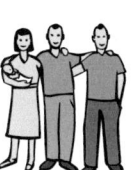

strýko

дядя

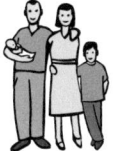

brat

брат

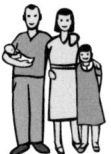

sestra

сестра

telo
тело

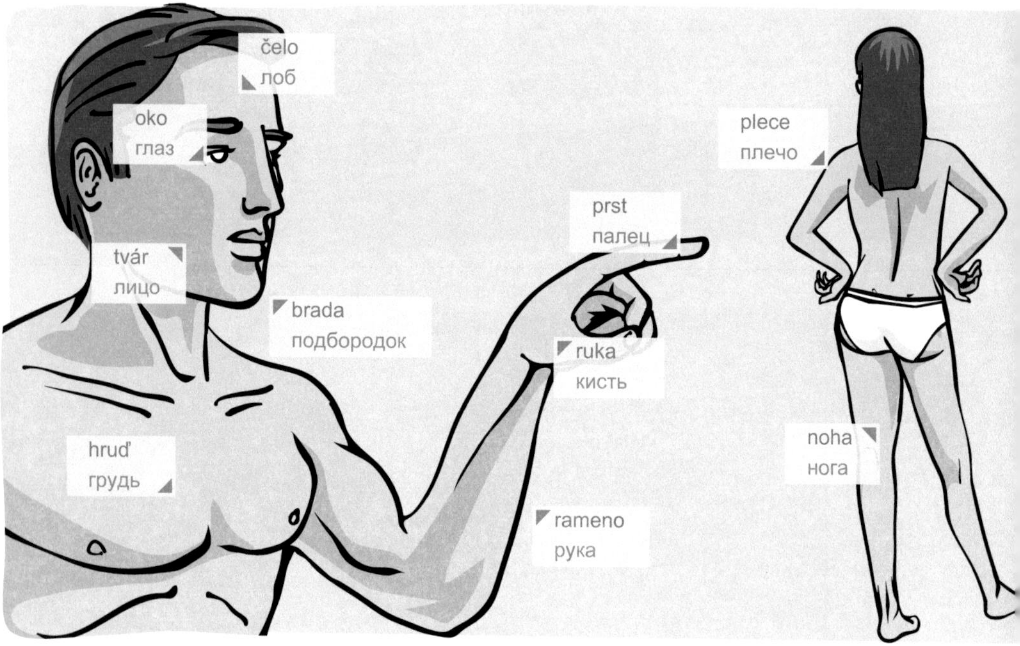
čelo
лоб
oko
глаз
plece
плечо
prst
палец
tvár
лицо
brada
подбородок
ruka
кисть
hruď
грудь
noha
нога
rameno
рука

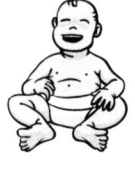

bábo
младенец

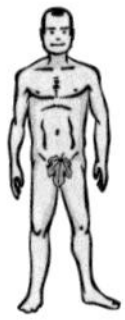

muž
мужчина

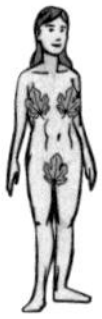
žena
женщина

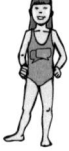

dievča
девочка

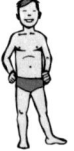

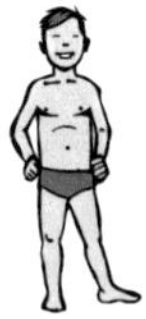
chlapec
мальчик

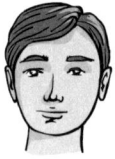

hlava
голова

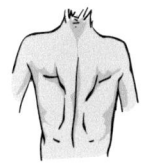

chrbát

спина

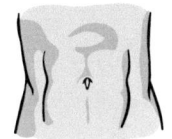

brucho

живот

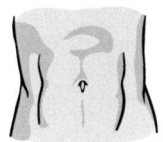

pupok

пупок

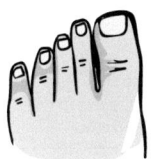

prst na nohe

палец ноги

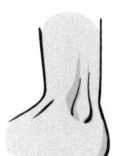

päta

пятка

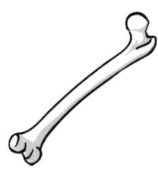

kosť

кость

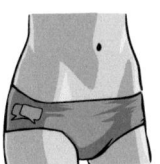

bok

бедро

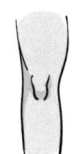

koleno

колено

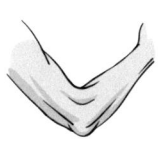

lakeť

локоть

nos

нос

zadok

ягодицы

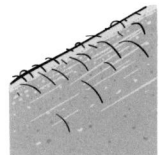

koža

кожа

líce

щека

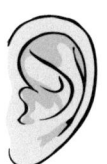

ucho

ухо

pery

губа

ústa

рот

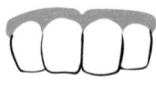

zub

зуб

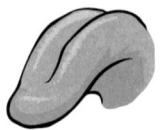

jazyk

язык

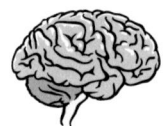

mozog

мозг

srdce

сердце

svaly

мышца

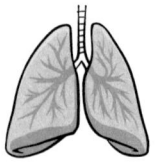

pľúca

лёгкое

pečeň

печень

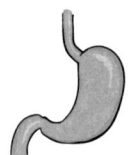

žalúdok

желудок

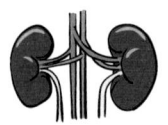

obličky

почки

pohlavný styk

половой акт

kondóm

презерватив

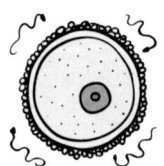

vaječná bunka

яйцеклетка

semeno

сперма

tehotenstvo

беременность

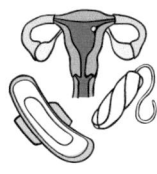

menštruácia

менструация

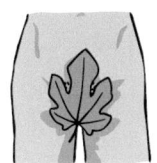

vagína

вагина

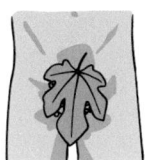

penis

пенис

obočie

бровь

vlasy

волосы

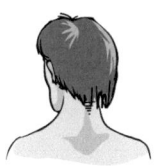

krk

шея

nemocnica
больница

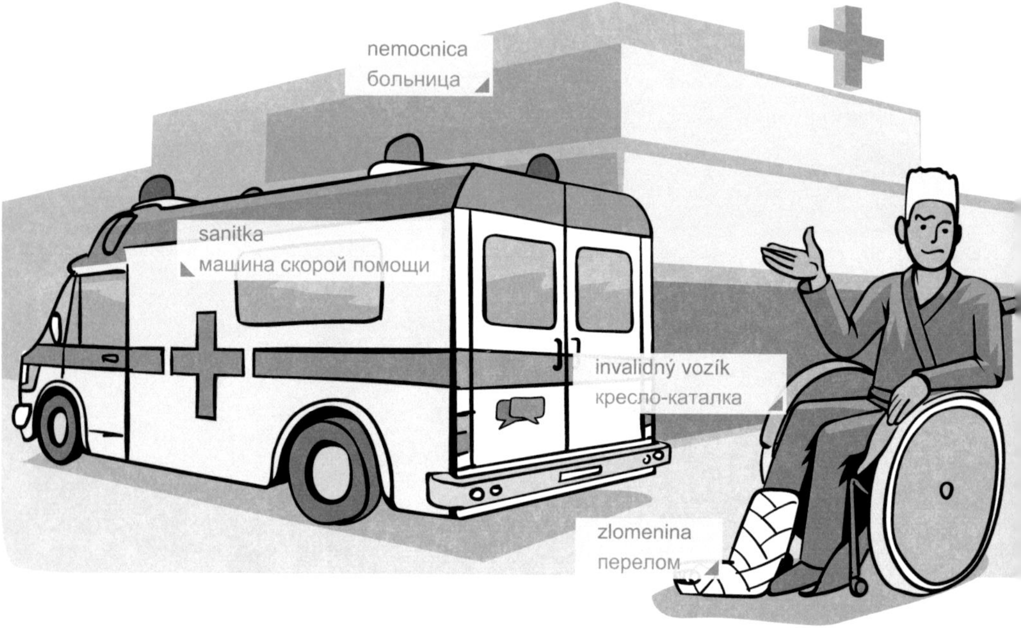

nemocnica
больница
sanitka
машина скорой помощи
invalidný vozík
кресло-каталка
zlomenina
перелом

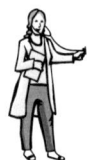

lekár
врач

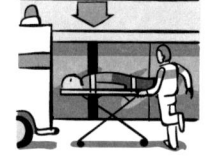

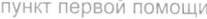

urgentný príjem
пункт первой помощи

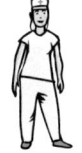

sestrička
медсестра

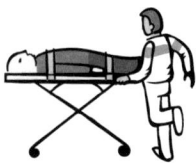

urgentný prípad
неотложный случай

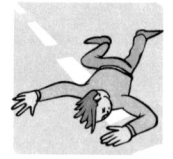

v bezvedomí
без сознания

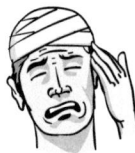

bolesť
боль

zranenie

повреждение

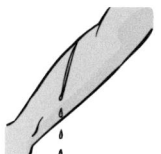

krvácanie

кровотечение

srdcový infarkt

инфаркт

mozgová porážka

инсульт

alergia

аллергия

kašeľ

кашель

teplota

повышенная температура

chrípka

грипп

hnačka

понос

bolesť hlavy

головная боль

rakovina

рак

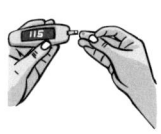

cukrovka

диабет

chirurg

хирург

skalpel

скальпель

operácia

операция

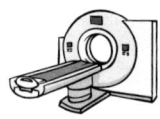

CT
КТ

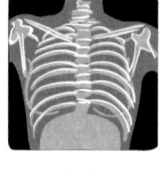

RTG
рентген

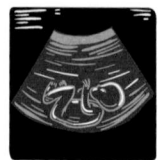

ultrazvuk
ультразвук

maska
маска

choroba
болезнь

čakáreň
приёмная

barla
костыль

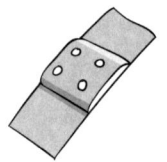

náplasť
пластырь

obväz
бинт

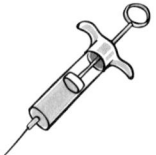

injekcia
укол

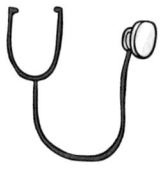

fonendoskop
стетоскоп

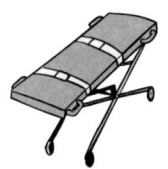

nosidlá
носилки

teplomer
термометр

pôrod
рождение

nadváha
избыточный вес

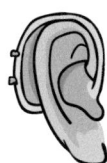

audiofón

слуховой аппарат

dezinfekčný prostriedok

дезинфекционное
средство

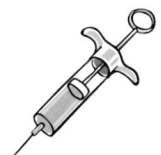

vírus

вирус

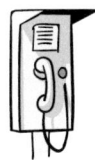

očkovanie

прививка

infekcia

инфекция

HIV / AIDS

ВИЧ / СПИД

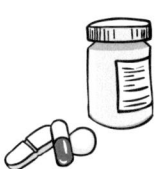

tabletky

таблетки

tiesňové volanie

экстренный вызов

medicína

лекарство

antikoncepčná pilulka

противозачаточная
таблетка

tlakomer

прибор для измерения
кровяного давления

chorý / zdravý

больной / здоровый

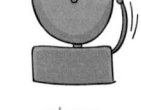

Pomoc!	alarm	prepad
Помогите!	сигнал тревоги	нападение

útok
атака

nebezpečenstvo
опасность

núdzový východ
запасной выход

Horí!
Пожар!

hasičský prístroj
огнетушитель

nehoda
несчастный случай

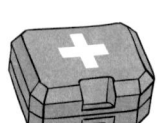

kufrík prvej pomoci
аптечка

SOS
SOS

polícia
милиция

Európa

Европа

Severná Amerika

Северная Америка

Južná Amerika

Южная Америка

Afrika

Африка

Ázia

Азия

Austrália

Австралия

Atlantický oceán

Атлантический океан

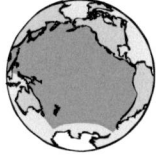

Tichý oceán

Тихий океан

Indický oceán

Индийский океан

Južný oceán

Антарктический океан

Severný ľadový oceán

Северный Ледовитый
океан

Severný pól

Северный полюс

Južný pól

Южный полюс

Antarktída

Антарктика

Zem

земля

krajina

суша

more

море

ostrov

остров

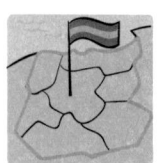

národ

нация

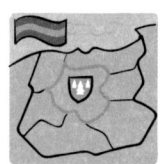

štát

государство

ciferník

циферблат

hodinová ručička

часовая стрелка

minútová ručička

минутная стрелка

sekundová ručička

секундная стрелка

Koľko je hodín?

Который час?

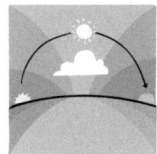

deň

день

čas

время

teraz

сейчас

digitálne hodiny

электронные часы

minúta

минута

hodina

час

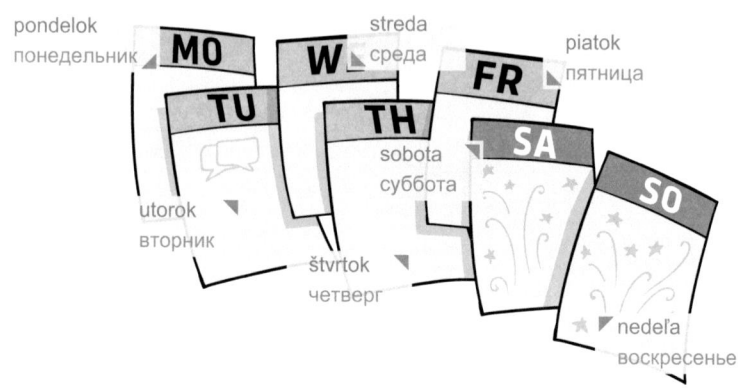

pondelok / понедельник — MO
utorok / вторник — TU
streda / среда — W
štvrtok / четверг — TH
sobota / суббота — SA
piatok / пятница — FR
nedeľa / воскресенье — SO

včera

вчера

dnes

сегодня

zajtra

завтра

ráno

утро

poludnie

полдень

večer

вечер

pracovné dni

рабочие дни

víkend

выходные

dážď
дождь

dúha
радуга

sneh
снег

jar
весна

vietor
ветер

jeseň
осень

leto
лето

zima
зима

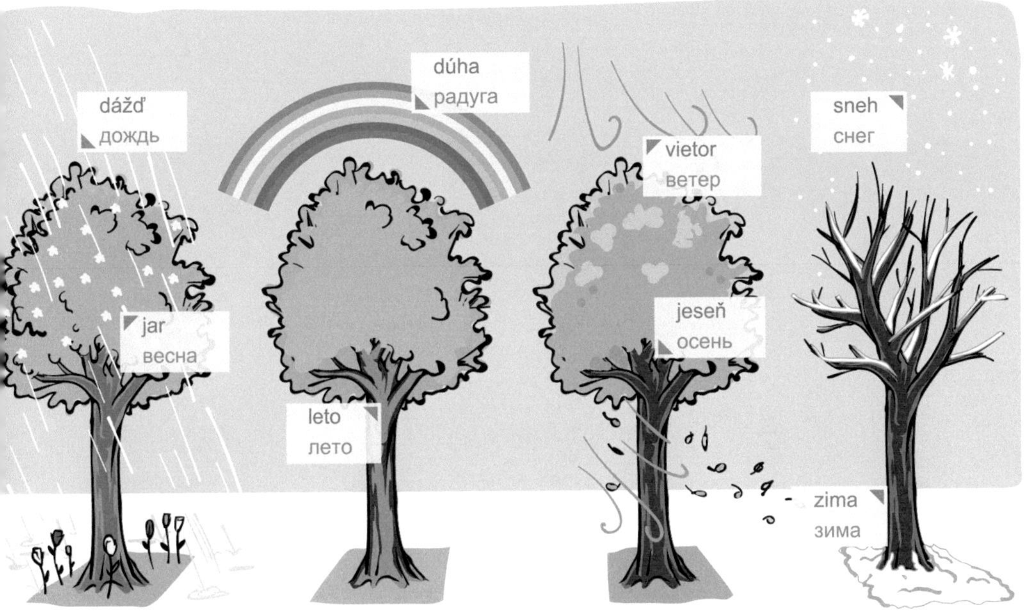

predpoveď počasia

прогноз погоды

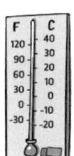

teplomer

термометр

slnečný svit

солнечный свет

oblak

туча

hmla

туман

vlhkosť vzduchu

влажность воздуха

blesk

молния

hrom

гром

búrka

буря

krúpy

град

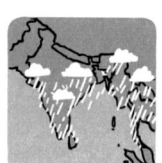

monzún

муссон

záplava

наводнение

ľad

лёд

január

январь

február

февраль

marec

март

apríl

апрель

máj

май

jún

июнь

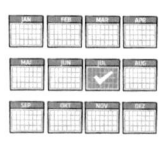

júl

июль

august

август

rok - год

september

сентябрь

október

октябрь

november

ноябрь

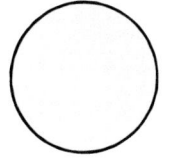

december

декабрь

tvary
формы

kruh

круг

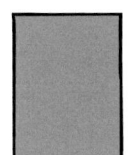

štvorec

квадрат

obdĺžnik

прямоугольник

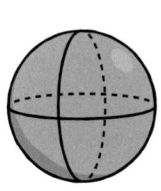

trojuholník

треугольник

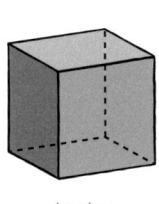

guľa

шар

kocka

куб

biela

белый

žltá

желтый

oranžová

оранжевый

ružová

розовый

červená

красный

fialová

лиловый

modrá

синий

zelená

зелёный

hnedá

коричневый

šedá

серый

čierna

черный

veľa / málo

много / мало

zúrivý / pokojný

яростный / мирный

pekný / škaredý

красивый / уродливый

začiatok / koniec

начало / конец

veľký / malý

большой / маленький

svetlý / tmavý

светлый / темный

brat / sestra

брат / сестра

čistý / špinavý

чистый / грязный

úplný / neúplný

полный / неполный

deň / noc

день / ночь

mŕtvy / živý

мёртвый / живой

široký / úzky

широкий / узкий

chutný / nechutný

съедобный / несъедобный

zlostný / láskavý

злой / дружелюбный

vzrušený / unudený

взволнованный /
скучающий

tlstý / chudý

толстый / худой

prvý / posledný

сначала / в конце

priateľ / nepriateľ

друг / враг

plný / prázdny

полный / пустой

tvrdý / mäkký

твёрдый / мягкий

ťažký / ľahký

тяжёлый / легкий

hlad / smäd

голод / жажда

chorý / zdravý

больной / здоровый

nelegálny / legálny

незаконный / законный

inteligentný / hlúpy

умный / глупый

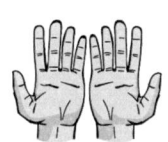

vľavo / vpravo

слева / справа

blízko / ďaleko

близко / далеко

nový / použitý

новый / подержанный

nič / niečo

ничто / нечто

starý / mladý

старый / молодой

zapnuté / vypnuté

включено / выключено

otvorené / zatvorené

открыто / закрыто

tichý / hlasný

тихо / громко

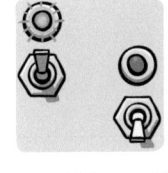

bohatý / chudobný

богатый / бедный

správne / nesprávne

правильный /
неправильный

drsný / hladký

шероховатый / гладкий

smutný / šťastný

печальный / счастливый

krátky / dlhý

короткий / длинный

pomaly / rýchlo

медленный / быстрый

mokrý / suchý

мокрый / сухой

teplý / studený

тёплый / прохладный

vojna / mier

война / мир

0

nula

ноль

1

jeden

один

2

dva

два

3

tri

три

4

štyri

четыре

5

päť

пять

6

šesť

шесть

7

sedem

семь

8

osem

восемь

9

deväť

девять

10

desať

десять

11

jedenásť

одиннадцать

12

dvanásť

двенадцать

13

trinásť

тринадцать

14

štrnásť

четырнадцать

15

pätnásť

пятнадцать

16

šestnásť

шестнадцать

17

sedemnásť

семнадцать

18

osemnásť

восемнадцать

19

devätnásť

девятнадцать

20

dvadsať

двадцать

100

sto

сто

1.000

tisíc

тысяча

1.000.000

milión

миллион

angličtina

английский

americká angličtina

американский английский

mandarínska čínština

мандаринский китайский

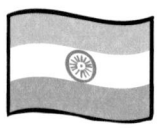

hindčina

хинди

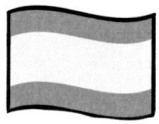

španielčina

испанский

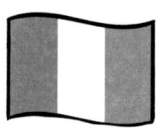

francúzština

французский

arabčina

арабский

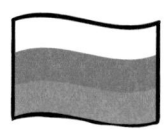

ruština

русский

portugalčina

португальский

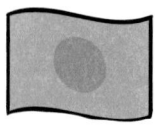

bengálčina

бенгальский

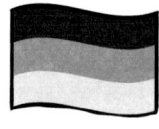

nemčina

немецкий

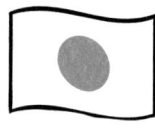

japončina

японский

ja

я

ty

ты

on/ona/ono

он / она / оно

my

мы

vy

вы

oni

они

kto?

кто?

čo?

что?

ako?

как?

kde?

где?

kedy?

когда?

meno

имя

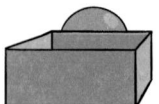

za

за

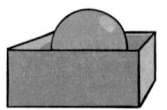

v

в

pred

перед

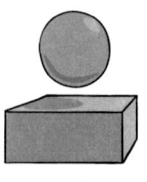

nad

над

na

на

pod

под

vedľa

рядом

medzi

между

miesto

место